템플 스테이
가이드북

템플 스테이
가이드북

ⓒ 고대승, 2025

초판 1쇄 발행 2025년 6월 30일

지은이	고대승
펴낸이	이기봉
편집	좋은땅 편집팀
펴낸곳	도서출판 좋은땅
주소	서울특별시 마포구 양화로12길 26 지월드빌딩 (서교동 395-7)
전화	02)374-8616~7
팩스	02)374-8614
이메일	gworldbook@naver.com
홈페이지	www.g-world.co.kr

ISBN 979-11-388-4424-6 (03220)

- 가격은 뒤표지에 있습니다.
- 이 책은 저작권법에 의하여 보호를 받는 저작물이므로 무단 전재와 복제를 금합니다.
- 파본은 구입하신 서점에서 교환해 드립니다.

템플 스테이 가이드북

TEMPLE STAY GUIDEBOOK

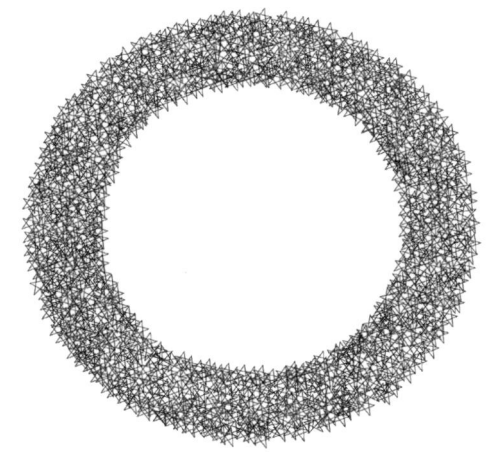

고대승 지음

좋은땅

연기(緣起)를 보는 자 나를 본다.

- 붓다 -

기왕 절집에 오셨으니까
부처님을 한번 뵙고 가시라고
이 책을 펴냅니다.

풍경소리 (사)한국불교종단협의회부설 「법음을 전하는 사람들의 모임」 • 전화 :(02) 736-5583 • www.PGsori.net

화가 날 때

화가 나서
한 번 치받으려다
생각합니다.

"이렇게 하면… 행복할까?"

고대승 | 재가수행자

동양화 | 박준수

여기 쓰인 글을 읽기 전에…

___

반드시 꼭 천천히, 아주 오래된 값비싼 포도주 드시듯 그렇게 읽으시길 부탁드립니다.

* * * * * * * * * * * * *

자, 여러분 마음을 내서 기왕 절집에 오셨으니까 불교에 대해 조금이라도 알고 가는 게 좋지 않을까 합니다.

불교의 기본 개념으로는 1) 연기(緣起) 2) 무아(無我) 3) 사성제(四聖諦) 4) 팔정도(八正道) 5) 오계(五戒) 6) 육바라밀(六波羅密) 7) 윤회(輪迴) 그리고 8) 중도(中道) 이 정도가 되겠습니다.

목차

여기 쓰인 글을 읽기 전에…　　　　　　　　　8

1　연기(緣起)　　　　　　　　　　　　　　11

2　무아(無我)　　　　　　　　　　　　　　47

3　사성제(四聖諦)　　　　　　　　　　　　59

4　팔정도(八正道)　　　　　　　　　　　　69

5　오계(五戒)　　　　　　　　　　　　　　81

6　육바라밀(六波羅密)　　　　　　　　　　89

7　윤회(輪迴)　　　　　　　　　　　　　　95

8　중도(中道) correct way/good way　　　113

1.

연기(緣起)

부처님께서는 이렇게 말씀을 하셨다 합니다. "연기(緣起)를 보는 자, 나를 보는 것이다.", "내 깨달음의 요체는 한마디로 연기(緣起) 바로 그것이다."

자, 그러면 과연 연기(緣起)란 무엇인가? 설명을 하겠습니다. 연기(緣起)란 인연생기(因緣生起)의 준말입니다. 먼저 인(因)이란 원인이라 할 때의 바로 그 인(因)입니다. 연(緣)은 조건을 말함이고 생기(生起)는 나타난다는 뜻. 그러니까 무엇이든 나타난 것이면 다 일어날 만한 이유, 즉 원인과 조건으로 말미암아 드러나는 것이다. 오늘날 과학으로 규명되는 모든 원리와 법칙이 다 연기(緣起) 논리로 귀결되는 것이라 할 수 있겠습니다.

부처님께서 언급하신 연기법은 헌법조문 또는 아인슈타인이 제시한 상대성이론 $E = MC^2$처럼의 법(法)이 아니고 상대로 하여금 자신의 무지(無知)를 깨닫게 함으로써 지혜를 추구하도록 만드는 소크라테스의 문답법을 산파술(産婆術)이라 하듯 당신께서 깨달은 경로와 가르침의 법을 연기법(緣起法)이라는 말로 명명하신 것입니다.

자, 여기 한 송이 꽃이 피었습니다. 생기(生起)입니다. 어떻게 생기되었는지 여러분 다 아실 겁니다. 먼저 필히 씨앗(因)이 있어야 합니다. 그리고 그것이 땅(地)에 뿌려져… 물(水), 햇빛(火), 바람(風), 영양소 등등의 조건(緣)이 맞아야, 다시 말해 인연생기(因緣生起) 즉 연기(緣起)로써만 한 그루 나무의 꽃은 꽃으로 피어난다는 것입니다. 만약 씨앗은 튼실한데 행여 사막이나 척박한 땅에 뿌려진다면 생기(生起)가 여의치 않게 됩니다. 인정하시죠? 꽃이 아닌 그 어떤 현상도 다 마찬가지 원리 즉 연기(緣起)로 생기(生起)게 됩니다.

앞서 말한바 부처님께서는 "연기(緣起)를 보는 자, 나를 보는 것이다." 하셨습니다.

꽃에 대하여 그 꽃을 보는 사람들이 다 한결같을까요? 식물학자의 눈으로 보는 것과 장사하는 사람의 눈이 같을 수는 없습니다. 그런데 그 꽃을 보며 거기에서 얼음장을 깨트리고 흐르는 물소리를 듣고 화사한 햇빛을 느낀다면⋯ 시인 서정주님은 이렇게 읊었습니다.

"한 송이 국화꽃을 피우기 위해
봄부터 소쩍새는 그리도 울었나보다."

* * * * * * * * * * * * *

지금,

여기,

나와 인연된 그 꽃을 통해 우주의 환희를 감지한다면, 아마도 그는 꽃을 통하여 부처를 보는 것입니다.

언제부터인가 도로의 계단 틈새에 힘겹게 피어난 풀꽃에 눈길이 갔습니다. 그 어렵고 힘든 장소에서 그녀는 환하게 웃고 있었습니다. 아아~ 나의 작고도 좁은 속내가 무너져 내렸습니다. 고민? 번뇌가 사라졌지요. 캬, 짠한 눈물이 나며 고맙다, 미안하다 하는 마음이 올라왔습니다.

연기(緣起)의 눈으로 보면 세상이 새롭게 보입니다. 화도 덜 나게 되지요. 다 그럴 만한 까닭이 있어서 그럴 테니까 일단 긍정이 됩니다. 그렇다 하여 아무 일이나 예컨대 윤석열의 친위 쿠테타에 대해서는 도저히 그럴 수가 없겠으나, 아주 지독스레 미운 마음보다는 측은하달까 그런 마음이 우선된다는 것입니다.

연기(緣起)의 눈으로 보면 그 일의 원인과 조건을 찾게 됩니다. 부처님 재세 당시 어떤 여인이 하나밖에 없는 아들을 잃었습니다. 아들의 죽음을 도저히 받아들일 수 없었던 그 여인은 부처님께로 가서 말했습니다. "내 아이를 살려 주십시오." 여기서 문제는 아이의 사주팔자도 아니고 아이가 무슨 병으로 죽었는가도 아니고 돈 문제는 더구나 더 아니지요. 부처님께서 연기(緣起)의 눈으로 보니 근본 원인은 무상(無常)의 원리를 이해하지 못하는 근본적인 무지(無知)였으니 바로 그것을 깨부숴야 했습니다.

어떻게?

"사람이 한 번도 죽은 일이 없는 집에 가서 불씨를 얻어 와라. 그러면 내가 너의 아들을 살리리라."

여인은 온 마을을 헤매며 찾았습니다. 있을 리 만무였지요. 한 집 두 집 다니며 사람들이 하는 말을 들으며 차츰 여인은 저절로 알게 되었습니다. 그리고 마지막으로 부처님께로 와서 말했습니다. "없습니다." 어쩌면 말하면서 배시시 웃었을지도 모르겠군요. 그녀는 머리를 깎고 부처님의 제자가 되었답니다.

* * * * * * * * * * * * *

이상 짧은 글로 부처님의 연기(緣起)가 다 설명되고 납득시킬 수 있을까 의문이 들기는 합니다만 한마디로 부처님께서 말씀하시는 연기법이란 자연 세계와 인간 생활 모두에게 적용되는, 우주에서 가장 기본적이고 변함없는 법칙-원인과 결과의 법칙을 이름하는 것입니다.

그러면 이제 이 연기(緣起)의 논리로 부처님께서 깨달은 것이 무엇인가 알아야 하겠습니다. 그러려면 왜 당신께서는 어린 아들과 어여쁜 아내를 두고 출가(出家)를 하셨을까, 그 동기와 경과에 대한 설명이 필요합니다.

* * * * * * * * * * * * *

여러분 다 아시다시피 서가모니 부처님은 역류자(逆流者)입니다. 거의 모든 사람이 바라 마지않는 부(富)와 명예가 결집된 왕궁을 뒤로하고 출가(出家)를 했습니다.

전해져 내려오는 이야기로 출가하기 전 아버지 정반왕(淨飯王)이 만류를 하자 서가모니는 이렇게 말을 했다 합니다. "저로 하여금 죽지 않게 해 주십시오." 불사(不死)의 묘법이 있느냐는 것이지요. 이에 정반왕은 내가 아무리 왕이어도 그것은 불가하다 할 수밖에요.

우여곡절을 거친 후 서가모니 부처께서는 보리수나무 아래 앉았습니다. 자, 다시금 톺아보자. 로병사(老病死)에 깃드는 고(苦)에 있어서 로병사(老病死)의 고(苦)는 태어남(生)을 조건으로 하여 있는가? 그렇지. 안 태어났으면 일체 고(苦)가 있을 수 없다. 태어났기 때문에 고(苦)라…. 그렇다면 고(苦)를 멸(滅)하기 위해 태어남(生)을 없애 버리면… 되는가?

…. 되는가?
…. 되는가?
…. 되는가?

이 논리는 자살로 귀결이 되는데…. ^^ 이 글을 쓰면서 서가모니께서 이끌던 가람 초기 단계에 자살자가 속출했다는 그런 뉴스(?)를 본 기억이 떠올랐습니다.

아무려나 우리 함께 좀 더 사유(思惟)를 해 보십시다요.

생(生 태어남)이 있어 사(죽음 死)가 있다. 그러면 생은 무엇에 의지하는가? 생/삶/존재는 그것이 그렇게 있을 수밖에 없는 원인과 여러 조건들로 말미암아 있다. 아니, 육체적 생(生) 말고 고(苦)라는 것의 태어남(生)은 무엇에 의지하는가? 이 또한 그것이 그렇게 생겨날 수밖에 없는 원인과 여러 조건들로 말미암아 있다. 그렇다. 그러면 이제 그 원인과 조건이란 걸 탐구해 보자.

연기적(緣起的) 사고방식의 확립이 시작되었습니다. 그렇게 추론을 해 가던 중 서가모니께서는 고(苦)라고 지칭하는 것은 물론 그 고(苦)를 품고 있는 존재라는 것이 실체가 아니라 현상이라는 결론에 도달했습니다.

그러니까 하늘에서 생(生)겨나고 사(死)라지는 구름이나 무지개와 똑같은 얼개로 형성된다는 것.

따라서 현상으로의 존재는 고정불변의 아(我)라는 것이 있을 수 없습니다. 오호! 무(無) 무아(無我)로다. 꽃나무의 씨앗(因)도 여러 조건(緣)이 모이고 뭉쳐서 된 것이라는 것. '나'라는 존재는 색수상행식(色受想行識) 오온(五蘊)의 모임으로 생(生)겨나게 된다는 것. 그리고 그 조건의 기한이 다하면 사(死)라진다는 것.

아울러 이 개별 '나'라는 존재는 대자연의 품에서 마치 거대한 나무에 매달린 잎새처럼… 바다에 이는 파도의 포말처럼…

사유(思惟)의 순간 서가모니께서는 당신의 의식을 '나' 없음의 자리, 그 상징 나무, 바다로 옮겼습니다. 자, 무슨 일이 벌어졌을까요?

* * * * * * * * * * * * *

나무가 되어 잎새를 바라봅니다. 일렁이는 작은 바람에도 나붓나붓 춤을 추고 비가 오면 움츠립니다. 봄에는 새순으로 생(生)하고 여름을 지나 가을이 되면 낙엽으로 사(死)라집니다.

바다가 되어 파도를 바라봅니다. 파도는 해안가 바위에 부딪치며 포말로 생(生)겨나고 곧바로 부서져 사(死)라집니다. 실로 우리에 인생은 풀잎에 맺힌 아침 이슬과도 같아서 덧없기가 순식간입니다.

* * * * * * * * * * * * *

이처럼 부처께서는 연기(緣起) 논리를 가지고 인간 존재에 원초적으로 깃든 불안, 초조, 근심, 걱정, 시기, 질투, 분노 등등 고(苦)라는 것의 근본원인이 에고(ego)에 기반한 무지(無知) 무명(無明)이라는 것을 알았습니다. 심지어 죽음에 수반하는 두려움조차도 나라는 존재를 잎새, 파도의 포말로 한정지음으로써 비롯된다는 것. 이 무지의 굴레를 벗어남으로써 해탈 자유를 만끽하시고 당신이 체득(體得)한 것을 더불어 나누고자 사성제, 팔정도, 육바라밀, 무상(無常) 무아(無我)의 가르침(佛法)을 펼치셨습니다.

* * * * * * * * * * * * *

이것이 있어 저것이 있다는 말. 생(生)이 있어서 사(死)가 있습니다. 동전의 앞면과 뒷면은 상호 의존해 있습니다. 남자와 여자는 동전의 앞뒷면처럼 사람이라는 개념으로 하나가 됩니다. 이 말은 곧 불이(不二)를 뜻합니다.

연기적 사고방식이란 그 무슨 일이든 원인(因)과 조건(緣)에 따라 나타난다(生起)는 것이니 이를 오늘날의 용어로 바꾸면 과학적 사고방식이 됩니다.

자, 이제 '나'라는 존재를 연기적(緣起的) 관점으로 고찰해 보십시다.

지금
여기

나는 어떻게 태어났나요? 부모님과의 인연으로 태어났습니다. 그분들이 먹이고 재우고 입히고 교육시켜 준 결과 템플 스테이에도 올 수 있는 지금의 '나'가 되었습니다.

오늘 아침밥은 누가 했나요? 공양간의 보살이 했습니다. 아시다시피 나는 연기적(緣起的) 존재입니다. 공기가 없으면 즉각 죽습니다. 물, 햇빛, 식물 등등 나를 에워싼 여러 조건 덕분에 나는 '나'로 존재합니다. 그리하여 연기법(緣起法)을 순수 우리말로 하면 '덕분에 법'이라 할 수 있지요.

따라서 우리는 필히 마음에 자비(慈悲)를 품고 살아야 합니다. 만약 자비가 없다면 그는 무자비(無慈悲)한 사람이라고 불리웁니다.

* * * * * * * * * * * * *

위키백과에서 인용합니다.

12연기(緣起)

잡아함경 제12권 제299경 '연기법경'에서 고타마 붓다는 연기법은 자신이나 다른 깨달은 이가 만들어 낸 것이 아니며 법계(우주)에 본래부터 항상 존재하는 법칙이라고 말하고 있다.

나(붓다)의 경우에는 12연기설의 형태로 이 우주 법칙을 분별해 연설하고 드러내어 보이는데, 나는 '이것이 있기 때문에 저것이 있고, 이것이 일어나기 때문에 저것이 일어난다'고 말하고…

* * * * * * * * * * * * *

12연기를 서술하면 아래와 같습니다.

무명(無明) ⇒ 행(行) ⇒ 식(識) ⇒ 명색(名色) ⇒ 육입(六入) ⇒ 촉(觸) ⇒ 수(受) ⇒ 애(愛) ⇒ 취(取) ⇒ 유(有) ⇒ 생(生) ⇒ 노사(老死)

* * * * * * * * * * * * *

우리는 태어남(生)에서 죽음(死)에 이르는 기간을 삶이라 부릅니다. 따라서 우리네 삶은 곧 로병사(老病死)이지요. 그리고 '살아간다'는 말의 실제 이면은 '죽어간다'입니다…. 아울러 생(生)이란 단어는 삶과 동의어로 사용을 하여 독일 작가 루이제 린저의 대표적인 장편소설 제목이 《생(生)의 한가운데》입니다.

로병사(老病死)가 바로 삶이고, 삶 즉 생(生)으로의 존재여서 이 두 가지가 등호관계에 있을진대 연기의 논리는 훼손되지 아니합니다. 그런데 이 생사(生死) 존재란 것이 실체가 아니라 현상입니다. 현상이니까 무아(無我)입니다. 본질적으로 무아인데 겨울 추위가 현상임에 불구하고 대처를 잘못하면 얼어 죽는 것처럼 이 현상으로의 힘은 무섭습니다. 정녕 사실이 이러하다면 이 현상을 움켜쥐고 유지시키는 것이 무엇이냐- 우리 모두 아는 바 에고(ego)입니다.

이에 부처께서는 거꾸로 논리를 전개합니다. 로병사(老病死)의 고(苦)는 고(苦)라고 지칭하는 바로 그것- 근심, 걱정, 분노, 초조, 불안-이 태어남(生)으로 비롯되는 것임에 바로 그 고(苦)를 있게 하는 것, 개별 생으로의 에고(ego)가 발현되도록 밑자락으로 형성되는 것을 유(有)라 합니다. 그런데 그 유(有)라는 것이 어떻게 마련되는가 모색 궁구를 하면 명색(名色)으로부터의 촉(觸) 수(受) 애(愛) 취(取)라는 연기 구조가 나오게 됩니다.

다시 말하여 12연기 중 유(有)는 오온(五蘊)의 취합인 명색(名色) ⇒ 육입(六入) ⇒ 촉수애취(觸受愛取)의 귀결이라는 것입니다. 즉 몸이 있고 몸에 의지한 정신작용(受想行識)으로 생겨나는 것, 이게 온갖 고(苦 번뇌)의 주범 에고(ego) 탄생의 기반으로 있는(有) 그것입니다.

* * * * * * * * * * * * *

부처님께서 연기(緣起)의 논리로 모색한 것은 다름 아닌 고(苦)의 발생 경로였으니 삶 즉 로병사(老病死)에 따라붙는 고(苦)가 무엇에 의지하여 생(生)겨나는가 하는 문제였습니다. 고찰의 결과는 일단 명색(名色 몸과 정신)에 근거한다는 것.

명색(名色)으로부터 육입(六入) 촉(觸) 수(受) 애(愛) 취(取)에 연기(緣起)하여 본질적인 고(苦) 생성의 밑자락이 있어짐에(有) 그 유(有)를 기반으로 고(苦 번뇌)가 생(生)하고 그 생(生)겨난 고(苦)로 말미암아 로병사(生老病死) 삶이 온통 고(苦)의 늪에 빠지는 사태의 초래. 이렇게 전개된다는 것입니다.

즉 12연기 구조에 있어서 촉수애취유(觸受愛取有) 다음에 있는 생(生)이란 것이 산부인과에서 응애 하고 아기가 태어나는 게 아니라 살면서 빚어지는 온갖 고(苦)를 야기시키는 고(苦) 당체로의 에고(ego)라는 것이 태어남을 의미한다는 것을 말함입니다.

PS: 경전 상응부(相應部)에 의하면 부처님께서 고(苦)에 대해 정의하시길 '오취온(五取蘊)'이라 하셨다는 기록이 있는바 이 오취온이라는 것이 명색(名色)에 깃드는 에고(ego)라는 의견입니다.

이렇게 말하는 까닭인즉 에고(ego) 즉 고(苦)라, 만약 에고(ego)가 아닌 무아(無我)로의 존재라면 고(苦)가 고(苦) 아닌 것-깨침의 자양분(恩)-이 된다는 사실입니다.

 여기서 불안, 초조, 근심, 걱정, 시기, 질투, 분노 온갖 번뇌를 다 일컫는 고(苦)의 밑자락 유(有)란 비유컨대 빵이 되기 전 밀가루 반죽과 같은 '가능태'로의 존재입니다. 이 '가능태'로의 유(有)는 사상(四相)과 아집(我執)이라는 이름의 오븐 속에서 마침내 빵으로 태어나는데 이 빵의 앙꼬가 바로 고(苦)라 불리우는 그것이며 우리는 그 빵을 에고(ego)라고 부릅니다.

그러면 왜 필자는 12연기에 있어서의 유(有)를 '가능태'라 하는가? 이 밀가루 반죽이 꼭 빵이 된다고 보장할 수 없기 때문입니다. 빵 아닌 다른 것, 꽈배기라든가, 수제비라든가… 물론 어떤 이름이 붙거나 간에 다 에고(ego)임에는 변함이 없겠지만 말입니다.

* * * * * * * * * * * * *

여기까지의 서술로 이 글을 읽으시는 분들께서 쉽게 이해가 되실까…? 아니라면 이는 온전히 글을 쓰는 사람의 역량 부족 탓일 텐데 그래서 중언부언 길어집니다.

자, 다시 한 번 정리를 합니다.

12연기에 있어서 명색(名色)~취(取)까지는 우리네 일상행위입니다. 일상행위의 심리적 기반은 12연기 두 번째 항목 행(行 Saṅkhāra 業이라 불리우는 정보 뭉치)인데 애(愛)는 증(憎)과 쌍이고 취(取)는 사(捨)와 쌍으로 있으며 우리가 통상 사랑이라 부르는 이 애증(愛憎)은 이 책 제7장 윤회(輪廻)의 론(論)에서 거론할 카르마 유전자에 기인한 것입니다. 그리하여 애증의 취사로 쌓여서 생성되는 것이 유(有)라 명명한 에고 탄생의 기반이라….

* * * * * * * * * * * * *

이상 12연기는 고(苦)의 발생을 설명합니다. 그러면 고(苦)의 소멸은 무엇에 연기하는가? 묻게 됨에….

억겁의 어둠도 한 점 불빛으로 파훼되듯 무명(無明)을 인(因)으로 생겨난 고(苦)는 우리네 본래 성품에 내재한 자성(自性)의 혜광(慧光)으로 타파됩니다.

그러니까 고(苦)는 무명(無明)을 인(因)으로 하여 행(行)~유(有)를 조건(緣)으로 생(生)겨나고 그 생겨난 고(苦)는 자성의 혜광을 조건(緣)으로 사(死)라진다는 것입니다.

그리하여 일심 염불, 팔정도 육바라밀 불법(佛法)은 바로 이 자성의 혜광을 구현하기 위한 뗏배로 있다는 것.

* * * * * * * * * * * * *

12연기의 논리가 모를 땐 복잡해 보이지만 알고 보면 그닥 어렵지 않습니다.

PS: 오늘날 우리네 인간은 늙음(老)에 들러붙은 고(苦)를 떼어 내려고 보톡스를 맞고, 병(病)에 들러붙은 고(苦)를 떼어 내려고 사이비 무당도 찾으며, 그 옛날 죽음(死)에 들러붙은 고(苦)를 떼어 내려고 진시황은 불로초를 구했습니다.

* * * * * * * * * * * * *

자, 그러면 오온(五蘊)으로의 명색(名色) 우리가 자기(自己)라 부르는 그것은 무엇에 의지하여 발생하는가? 곧바로 답하거니와 '아는 이것'으로의 식(識)에 기반한 재생연결식입니다. 그리고 재생연결식은 행(行)이라 명칭한 카르마(정보 뭉치)로 말미암은 것이며 카르마는 무명(無明)에 의지하지요. 요컨대 무명(無明)입니다. 무명(無明)….

그런데 여기서 서가모니 부처님은 이 무명(無明)이라는 것이 그야말로 난공불락 견고한 성채로 있는 것이 아니라, 스스로 눈 감고 귀 닫아 밝음을 등지고 외면함으로써 있어지는 몽환(夢幻)이라 천명하심에 몰록 깨어나서 응무소주(應無所住) 이생기심(而生其心) 유아독존(唯我獨尊)으로 살아가자 권유를 하십니다.

* * * * * * * * * * * * *

서가모니 부처께서는 태어나자마자 하늘과 땅을 가리키면서 천상천하(天上天下) 유아독존(唯我獨尊)이라고 했다 하는데 이를 풀어서 말하면 이러합니다. I am my own Lord throughout heaven and earth. '내가 나 자신의 주인(主人)이다.' 이 말이죠. 그런데 우리는 과연 스스로의 주인으로 살고 있는가? 되뇌고 돌이켜보아야 합니다.

※ 이 템플스테이가 인연이 되어 부처님의 가르침에 대해 호기심 또는 궁금증이 인다면 이후 과연 나는 누구인가? 왜 사는가? 등등 근원적 질문에 대해 함께 공부할 기회가 있겠습니다.

1. 연기(緣起)

2.

무아(無我)

'나'라고 할 만한 사실이 없다.

- 월폴라 라훌라 -

없다구요? 아니요. 있습니다.

1. 나는 몸뚱아리로 있고
2. 정체성(identity)으로 있으며
3. 귀하가 말하는 '나'라고 할 만한 사실이 없다고 말하는 그 '나'가 있잖습니까.

맞습니다. 무릇 모든 현상은 본질에 의지하는 법(法)이니까요. 설명을 하자면 이렇습니다. 예컨대 광장 한 가운데에 막대를 하나 꽂았다 하십니다. 해가 떠오르면 그림자가 생(生)겨납니다. 해가 기우는 정도에 따라 그림자는 점점 자라나며 광장을 반 바퀴 돌고 정오가 될수록 짧아지다가 잠시 사(死)라지고 다시 반대편에서 생(生)겨납니다. 당신이 알고 느끼는 '나'라는 것은 마치

이 막대의 그림자와 같은 것이지요. 그림자 그것이 실제가 아닌 일시적 현상이라는 것은 인정하시나요?

* * * * * * * * * * * * *

　마치 막대 그림자처럼의 현상이 이 심신작용의 주체인 '나'라는 존재이고,

　모든 현상은 연기(緣起) 작용이어서 즉 연기적 존재이기 때문에 고정불변의 실체가 없다(空/無我)는 것입니다.

　그리하여 무아(無我)라는 말은 고정불변의 '현재'는 없다. 고정불변의 '살색'은 없다고 하는 것과 같습니다. 또 다른 예를 들어 볼까요. 어떤 사람이 버스에 타

서 소리칩니다. 여기 '자리' 없어요. 이 말인즉 '빈자리' 가 없다는 것이지 좌석이 없다는 거 아니지요.

그러니까 중생이 알고 말하는 그런 '나(我)' 잎새와 파도에 이는 포말로의 나(ego)는 없다, 있는 거 아니다, 그러니 애면글면 너무 집착할 일 아니다 그 말입니다.

* * * * * * * * * * * * * *

무아(無我) 이는 곧 '물은 무형(無形)이다'라는 말과 같습니다. 물에게 고정불변의 형체가 없다는 말은 곧바로 수긍을 하면서 '인간에게 고정불변의 자아(自我)는 없다.' 이 말은 받아들이기 어려운 게 사실입니다. 제 안에 든 에고가 완강히 거부를 하기 때문이지요.

아무려나 물은 무형(無形)이기 때문에 어떤 모양으로도 될 수가 있습니다. 동그란 그릇에 넣으면 동그래지고 네모난 그릇에 넣으면 네모지고 어디 그뿐인가요…. 외부 온도에 따라 아예 체형(體形)도 바꿉니다. 얼음이 됐다가 안개, 구름도 됩니다. 바로 이처럼 인간에게 고정불변의 자아(自我)가 없기 때문에 갓난아기는 소년이나 소녀가 되고 소녀는 엄마가 되고, 무아(無我)이기 때문에 범죄자가 성인(聖人)이 될 수도 있는 겁니다.

* * * * * * * * * * * * * *

'나'

나무/바다로의 '나'라는 것이 실체로 있는 거 아닙니다. 그것은 칭하여 Logos로 있지요. 그리하여 불생(不生)이고 불멸(不滅)입니다.

인간의 감성은 그 Logos를 바이로차나, 아미타불(阿彌陀佛) Nature 또 더러는 아이구, 하느님이라고도 하지요.

* * * * * * * * * * * * *

이제 부처님과 중생의 다른 점, 차이에 대하여 말을 하고자 합니다. 결정적으로 다른 점은 사유방식 인생관, 세계관 할 때의 관(觀)입니다.

너 나 없이 우리는 보이는 대로 믿습니다. 예컨대 아침에 해가 떠서 저녁이면 집니다. 해 뜨는 쪽을 동(東)이라 정했고 지는 쪽을 서(西)라 했으니 모름지기 해는 동쪽에서 떠서 서쪽으로 집니다. 과학적으로 말하면 천동설(天動說)이 되겠습니다. 그런데 과연 진실인가요? 다들 배워서 아시겠지만 천동설은 전혀 사실이 아닙니다. 해는 뜨고 지는 게 아닙니다. 지구의 자전활동으로 말미암아 그렇게 보일 뿐이지요. 지동설(地動說)입니다.

비유컨대 아침에 해가 뜨는 것을 생(生)이라 하고 저녁에 해가 지는 것을 사(死)라 하십시다. 천동설의 견지(見地)에선 생사(生死)가 분명합니다. 그러나 지동설의 건지에서 보면 생사(生死) 그런 거 없습니다. 중생이 말하는 생사는 걍 그렇게 보일 뿐 생사가 아니라 합니다.

 참으로 미묘합니다. 그러나 중생의 처지에선 엄청 답답합니다. 죽은 다음에 어디로 가느냐, 이겁니다. 해가 지평선 아래로, 산 아래로, 수평선 아래로 꼴깍 넘어갔다가 이튿날 아침이 되면 다시 떠오르니까 부활이요 환생이 아니겠느냐…. 그런데 윤회 환생에 있어서는 갸가 갠가? 도무지 기억이 없습니다.

* * * * * * * * * * * * * *

 부처님께 물었답니다. "죽은 뒤에는 어디로 갑니까?" 부처께서 되물어 말씀하시길 "여기 한 무더기 나

뭇단이 불타고 있습니다. 그런데 꺼진 불은 어디로 갑니까?"

여기서 질문자는 소위 말하는 영혼(靈魂), 불멸의 아트만으로의 '나'를 상정(想定)하여 묻습니다. 그에게 그런 것은 없다고 말해 본들 납득할 리 없습니다. 아시다시피 실체로 인식되는 이 몸으로의 존재는 현상입니다. 저 하늘에 떠 있는 구름이나 무지개처럼. 그러나 몸의 주인, 진정한 존재는 걍 '아는 이것(識)'입니다. 개체 뇌의식(腦意識)을 넘어선 나무/바다로의 의식은 오는 것도 가는 것도 아닌 걍 '보는 것'이라 할 수 있음에 연기(緣起)의 눈으로 관(觀)해 봅시다.

※ 자, 우리 함께 연기(緣起)와 무아(無我)에 대하여 논(論)해 봅시다.

2. 무아(無我)

3.

사성제(四聖諦)

우리는 행복할 때 '왜?'라고 묻지 않습니다. 그저 즐기며 행복을 만끽합니다. 그러나 고통을 받을 때는 '왜?'라고 묻습니다.

- 손봉호 교수, 〈사랑의 편지(인간의 고통)〉 -

위의 글을 읽으며 생각을 했습니다. 왜? 행복할 때는 '왜?'라고 묻지 않지? 제 안에서 대답이 들렸습니다. 그게 당연한 것이니까…. 우리의 삶은 마땅히 행복해야 하는 거 아냐? 우리는 마땅히 '건강'해야 하고 우리는 마땅히 '풍요'로워야 합니다 & 하기를 바랍니다. 그런데 이러저러한 이유로 그 당연하다고 여기는 것이 무너질 때 우리는 묻습니다. 왜? 왜냐구? 이렇게 묻는 까닭인즉 그 이유와 원인을 알아내서 원래로 되돌려야 하기 때문입니다.

서가모니 부처께서 사성제(四聖諦)로 고집멸도(苦集滅道)를 설하심에 고(苦)는 병(病)에 걸렸다는 자각입니다. 가장 먼저 자기가 병들었음을 인지하는 것이지요. 병이 들었음을 인지했다면 마땅히 왜? 하고 물어야 합니다. 왜? 이 병의 원인이 뭐지? 내가 뭘 어떻게 했길래…. 물음에 대한 답이 이러저러한 이유와 원인들의 모임(集)으로 말미암은 것이라는 자각. 그러면 자동으로 이 병(病)을 없애(滅) 버릴 수 있는가? 물음에 부처께서는 답(答)하십니다. 있다! 있다구요? 어떻게요? 이에 팔정도(八正道) 육바라밀을 설(說)하십니다.

고(苦) = 인간은 모두 중생으로 존재하는 한 환자라는 것입니다. 요즘 사람들 대부분이 앓는 병은 기억상실증과 저장강박증인데 기억상실증은 자기가 본래 부처라는 것을 아예 잊은 것이고 저장강박증은 돈, 명예, 욕망을 움켜쥐고 펴지 못해서 조막손의 아픔으로 살아가는 현상을 말함입니다.

고(苦)를 논함에 있어서 로병사(老病死)가 고(苦)라는 것은 두말할 나위가 없을 터 그 로병사의 빌미는 고(苦/ego)의 생(生) 즉 태어남입니다. 에고(ego)야말로 온갖 고(苦)의 씨앗(因)이고 고(苦) 자체라 해도 괜찮을 듯합니다. 그리고 살면서 사랑하는 이와 헤어져야 하는 애별리고(愛別離苦) 미워하는 이와 함께 해야 하는 원증회고(怨憎會苦) 구하고자 함에도 얻어지지 않는 구불득고(求不得苦) 그리고 존재 자체에 깃드는 병치레와 번뇌들을 오음성고(五陰盛苦)라 하는데 앞서 생로병사를 사고(四苦)라 하고 이를 포함한 나머지 넷을 합하여 팔고(八苦)라 합니다.

집(集) = 이 모든 병의 원인은 하나가 아니라 여러 조건들의 모임이라는 것입니다. 그러니 단순하게 이거다! 하고 부분적인 병리치료에만 몰두하면 곤란하다는 것이지요.

멸(滅) = 고(苦)의 원인을 해소하여 본래의 자유와 건강을 회복할 수 있다는 것입니다.

도(道) = 환자의 회복, 건강한 삶을 위한 구체적인 방법으로 팔정도(八正道) 육바라밀(六波羅密)을 제시하며 궁극적으로 중도(中道)를 설파합니다.

사실 두 가지 명제로도 가능합니다. 고집(苦集) 그리고 멸도(滅道). ^^

PS: 노파심에서 말씀을 드립니다. 앞서 말한 바 '로병사(老病死)가 고(苦)라는 것은 두말할 나위가 없을 터' 문장에 있어서 늙음(老)이라는 게 늙음 자체로 고(苦) 아닙니다. 그 누군가 '잘 익은 단풍이 꽃보다 아름답다' 하였듯 늙음은 그냥 늙음일 뿐이고 병(病) 또한 그 누군가 '암은 암, 청춘은 청춘'이라 하였듯 병(病) = 고(苦)라고 단정 지어 말하면 안 됩니다. 죽음 또한 같습니다.

로병사(老病死)에 따라붙는 고(苦)란 로병사(老病死)가 싫다는 생각을 원인(因)으로 거부하는 몸짓(緣)에 따라 생(生)겨 나는(起) 결과(果) 그것이란 말입니다.

※ 모든 공부는 질문에서 시작됩니다.

내가 무엇을 모르는지… 내가 무엇을 알고 싶은지…

그게 없으면 주마간산(走馬看山) 기차 창문으로 바깥 경치 구경하는 것, 그 정도에 그치고 맙니다.

PS: 여기서 '주마간산'이라는 말을 몰랐으면 얼른 사전을 찾아보는 당신이어야 한다는 것.

4.

팔정도(八正道)

먼저 불교 경전 잡아함경에 나오는 여조현지법(如調絃之法) 이야기를 들려 드리겠습니다.

수행자 소오나는 아무리 애를 써도 진전이 없어 마음이 초조하였다. 그때 부처님께서 그를 불러 말씀하셨다.

"너는 출가하기 전에 거문고를 잘 탔었다지?"

"예."

"네가 거문고를 탈 때, 그 줄을 너무 조이면 어떻더냐?"

"소리가 끊어집니다."

"줄을 너무 늦추면?"

"그때는 소리가 나지 않습니다. 너무 늦추거나 조이지 않고 알맞게 골라야 소리가 제대로 나오게 됩니다."

"그렇다. 정진도 그렇게 해야 한다. 너무 조급하면 들뜨게 되고, 너무 느슨하게 하면 게으름에 빠지게 된다. 그러므로 알맞게 하여 집착하거나 방일하지 말라."

소오난은 이와 같이 부처님의 가르침을 받고 이날부터 거문고 줄을 고르듯이 정진하여 마침내 도(道)를 깨치게 되었다 합니다.

* * * * * * * * * * * * *

부처님께서는 양변에 치우치지 않는 이 중도(中道)를 가르침의 준거(準據)로 삼아 팔정도(八正道)를 펼치셨습니다. 따라서 팔정도에 있어서 바를 정(正)은 옳고 바르다는 뜻에 앞서 'correct 골라 맞다'는 의미가 우선입니다.

* * * * * * * * * * * * *

인간의 성품을 논할 때 성선설(性善說)과 성악설(性惡說)이 대립합니다. 연기(緣起)로 말을 하면 능선(能善) 능악(能惡)입니다.

* * * * * * * * * * * * *

자, 이제 팔정도의 첫째 정견(正見)입니다. 나가주나는 그의 저술 중론(中論)에서 이렇게 말합니다.

정견(正見) '바른 견해'는 열린 마음을 갖는 것이고 극단적인 시각과 이분법적 사고(思考)에서 벗어나, 만물의 본성(本性)은 상호의존적이고 인(因)과 연(緣)에서 생성된다는 연기법(緣起法)을 따르는 것이다.

즉 만물을 볼 때 연기(緣起)의 시각 내지는 관점으로 보는 것이 정견(正見)이다, 이 뜻입니다.

썩은 새끼줄 얘기

어느 날 저녁 어스름. 어딘가 외부에 나갔던 부처님께서 제자들과 함께 사원으로 돌아오던 중이었답니다. 앞서가던 제자가 화급한 소리로 외쳤습니다. "앗! 저기 뱀이다. 뱀." 부처님을 비롯한 일행들에게 위험을 고지하는 것이었지요. 사람들은 모두들 일단 몸을 피하면서 주위를 살폈습니다. 이때 부처님께서 제자가 가리킨 방향으로 가서 갖고 있던 지팡이로 뱀이라 지칭한 그것을 들어 올렸습니다. 그것은 뱀이 아니라 썩은 새끼줄이었습니다.

이 얘기가 시사하는바 무릇 무슨 일이든 제 눈으로, 제 몸으로 확인을 해야 한다는 것. 그것이 정견(正見) 바로 봄의 기초라는 것. 그리하여 부처님께서는 이렇게 말씀을 하셨다 합니다.

"그대의 스승인 나의 말일지라도 걍 덮어 놓고 믿지 말라. 금세공사가 이 금이 진짜인지 가짜인지 상세히 분석하고 살피듯이 그렇게 스스로 다각도로 분석하고 사유하라."

수행자 텐진 빠모는 이렇게 서술합니다.

빨리어로 된 불교 경전에는 "에히 빠시꼬(ehi passiko)"라는 문장이 나옵니다. "와서 보라."는 뜻입니다. 붓다는 불법에 대해 "와서 직접 보라." "와서 조사해 보라"고 하셨지 "와서 믿으라."고 하신 적이 없어요. 불법을 따르는 사람들에게는 의문을 품는 마음, 열린 마음이 딱히 어떤 결격사유로 여겨지지 않습니다. 하지만 '이건 내 사고체계에 편입시킬 수가 없어. 그러니 난 믿지 않겠어.'라고 생각하는 건 닫혀 있는 마음입니다. 그런 태도는 그 어떤 영적인 길을 따르고자 마음먹은 사람에게든 커다란 불이익을 초래합니다. 하지만 열린 마음, 단순히 그들이 말한 것이니 그냥 받아들이겠다고 하지 않고 의문을 품는 마음은 전혀 문제가 되지 않습니다.

— 텐진 빠모, 《텐진 빠모의 서양인을 위한 불교 강의》,
불광출판사, 302~303쪽 —

부처님께서 펼치신 팔정도(八正道)는 생활 속에서의 도(道) 이룸을 목표로 합니다. 정견(正見)을 시작으로 신구의(身口意) 삼업(三業)을 청정히 하는 동시 일상 속에서 마음 챙김, 집중, 지속적인 노력을 하여 궁극에 인간으로 인간다운 삶을 영위하는 것. 이것이 목표입니다.

	사유(思惟)	어(語)	업(業)	
정견	의(意)	구(口)	신(身)	정명
(正見)	념(念)	정(定)	정진(精進)	(正命)
	(마음챙김)	(집중)	(노력)	

다시 한번 말하지만 정견(正見)은 연기(緣起)의 시각 내지는 관점으로 보는 것이고 정명(正命)은 인간으로 인간다운 바른 삶의 영위를 의미합니다.

* * * * * * * * * * * * * *

그러니까 팔정도는 바로 봄(正見)으로 시작하여 인간으로 인간다운 삶을 영위하는(正命) 것으로 마감됩니다. 까닭인즉 팔정도의 궁극 목적은 니르바냐(解脫)이겠으나 그 니르바냐의 기반은 대만의 어느 대학 총

장이 졸업식에서 언명했다는, 사람(人)이면 다 사람(人)이냐 사람(人)다운 사람(人)이어야 사람(人)이지, 이 말로 요약되기 때문입니다.

다시 말해 인성(人性)의 구현이 니르바나 깨달음에 우선하는 것이란 말입니다.

※ 자, 우리 함께 사성제(四聖諦) 팔정도(八正道)에 대하여 논(論)해 봅시다.

5.

오계(五戒)

제자나 교도가 되려면 계(戒)라는 걸 받는데 기본적으로 다섯 가지 계(五戒)라는 것이 있습니다.

1. 불살생(不殺生) = 살생하지 말고
2. 불투도(不偸盜) = 도둑질하지 말며
3. 불망어(不妄語) = 망령된 말도 하지 말고
4. 불음주(不飮酒) = 술독에 빠지지 말며
5. 불사음(不邪婬) = 네 이웃의 여자(남자)를 탐하지 말라.

이는 부처님의 제자 됨에 있어서 가이드라인 하한선입니다. 일단 입문(入門)을 하면 무릇 생명 있는 것은 무엇이라도 '죽이지 말라'는 권유는 잡은 멱살 놓아주고 죽을 목숨 구해 주라. 즉 방생(放生)을 가르칩니다. '도둑질하지 말며'는 육바라밀의 보시(報施) 즉 베풀어 주라로 바뀌고 '불망어'는 곱게 따스하게 말하라. 남의 가슴에 상처 주는 말이면 아예 하지 말아라. '불음주'는 소주 2병이 주량이면 1병에서 딱 멈출 수 있어야 하느니 절제(節制)를 말하고 '불사음'은 몸과 마음을 청정히 하라는 지침이 됩니다. 이것이 부처님께서 설한 오계(五戒)의 진정한 의미입니다.

그리하여 새롭게 제시되는 오계(五戒)는 아래와 같습니다.

1. 방생(放生) = 버려지거나 길을 잃은 생명, 돌봐 주지 않으면 죽을 목숨 구해 주라.
2. 보시(報施) = 육바라밀의 첫째로 천명됩니다.
3. 화어(和語) - 특별히 부처님께서 입으로 짓는 악(惡)에 대하여 구체적으로 말씀을 하시는데 그것은 1) 망어(妄語) 2) 기어(綺語) 3) 양설(兩舌) 4) 악구(惡口)입니다.
4. 절제(節制) = 절제는 배려와 함께 인간다움의 근간입니다.

5. 청정심(淸淨心) = 존재의 성품은 셋으로 나뉩니다. 1) 신성(神性)/불성(佛性) 2) 인성(人性) 3) 수성(獸性) 당신은 이 중 어느 것을 자신의 성품으로 삼을 것인지 선택을 할 수가 있습니다.

※ 생각의 도구 아시죠?

언제/어디서/누가/무엇을/어떻게/왜?

 서가모니 부처님께서는 권위자, 연장자, 성직자, 선생님… 그 누구의 말이라 해도 무조건 믿지는 말라고 했습니다. 심지어 당신의 말까지도… 의심부터 하라는 얘기가 아니라, 스스로 검증을 해 보란 겁니다. 당신이 내신 법(法)조차 해보고 성과가 없거나 이보다 더 좋은 가르침이 있다면 기꺼이 그것을 따르라 하셨습니다.

6.

육바라밀(六波羅密)

보시(報施)

지계(持戒)

인욕(忍辱)

정진(精進)

반야(般若)

선정(禪定)

바라밀은 산스크리스트어 파라미타(paramita)의 음역으로 피안에 도달하다, 깨달음의 언덕으로 건너가다는 뜻, 성취, 완성의 의미와 함께 깨달음을 얻기 위한 수행법을 총칭하는 단어입니다.

보시바라밀은 남에게 베푸는 것으로 재시(財施) 법시(法施) 무외시(無畏施) 세 종류가 있으며 그외 무재칠시(無財七施)가 있습니다.

그 외의 것은 별도의 설명이 필요 없을 정도로 간단합니다만 이 중에서 반야바라밀 그러니까 반야(지혜)수행은 어떻게 하는 것인가, 과문한 탓인지 해설을 들은 바가 없습니다. 즉 반야심경에서 관자재보살이 반야수행을 하여 선포하는 것이 오온개공(五蘊皆空)임에 구체적으로 반야수행은 어떻게 하는 것인가?

궁구한바 결론은 회광반조(回光返照)입니다. 회광반조… 참으로 기막힌 수행법입니다. 따로 말할 기회가 있기를 바랍니다.

※ 자, 우리 함께 오계(五戒)와 육바라밀에 대하여 논(論)해 봅시다.

6. 육바라밀(六波羅密)

7.

윤회(輪迴)

사람뿐 아니라 모든 존재는 다 유전자의 대물림으로 태어납니다. 이 유전자는 육체적 유전자와 카르마 유전자로 구별됩니다. 육체적 유전자는 게놈 즉 G, D, T, A로 알려져 있고 카르마 유전자는 신구의(身口意) 삼업(三業)으로 말미암아 이어받은 솜씨, 말씨, 맘씨와 경향성이라 할 수 있습니다.

육체적 유전자에 대해서는 게놈지도를 비롯하여 과학자들이 어지간히 규명을 하고 있으나 카르마 유전자에 대하여는 아직 알려진 바 없습니다. 다만 윤회와 환생 개념이 있는데 항용 사람들은 이 둘을 헷갈려합니다.

아, 그 전에 업, 카르마란 무엇인가부터 설명을 하겠습니다. 부처님께서 업이란 신구의(身口意) 즉 몸과 말 그리고 의도로써 짓는 것이라 하였음에 업이란 행위 정보(information)를 의미합니다.

윤회(輪迴)란 살아 있는 존재, 개별 인간이 몸과 마음 그리고 말로써 생성해 낸 행위정보가 마치 CPU에 저장되듯 제8 아뢰아식에 입력이 되어 우리의 눈에는 보이지 않지만 의식의 강(江)으로 흐른다(samsara)는 것입니다. 그리고 그 행위정보(카르마)가 불특정 인간에게 전이(轉移) 된다는 것- 사바세계에 나타나는 현실을 보면 결코 부인할 수가 없는 것이 생물학적 유전자의 이어받음과 별개로 어떤 이는 절대음감을 갖고 태어나고 어떤 이는 배우지 않아도 그림을 잘 그리고 또 어떤 이는 평양감사도 싫다고 내뺍니다.

* * * * * * * * * * * * *

환생(還生)은 불멸의 아트만(自我 ego)이 몸을 바꿔 존재하는 것으로 오로지 믿음의 영역(領域)에 속합니다. 반면에 윤회(輪迴 samsara)는 의식의 흐름에 관한 개념으로 철저히 인연생기(因緣生起)에 따라 나타나는 현상으로의 존재를 의미하지요.

육체적 DNA가 생물학적 교합에 의해 이전된다는 것은 익히 아는 사실이지만 카르마 DNA가 어떻게 이전되는지는 아무도 모릅니다. 다만 드러난 현상의 징표로써 윤회라는 개념에 취합이 된다는 것.

여기서 문제는 경상도 말로 갸가 갸냐? 질문입니다. 이는 곧 '나는 누구인가?' '나'라고 하는 것을 개별존재에 한정 짓느냐, 여부가 관건입니다.

* * * * * * * * * * * * *

육체적 DNA는 개별적으로 이어받는 게 틀림이 없다고 생각합니다. 그러나 카르마 DNA는 어떻게 이어받는지 모릅니다. 잠시 일본 내셔널 그룹의 총수였던 마쓰시다 고노스케라는 분에 대해서 얘기를 하고자 합니다.

어린 시절 아버지의 파산으로 초등학교를 중퇴하고 자전거 점포의 점원으로 일을 시작했던 '마쓰시타 고노스케' 그가 일본 굴지의 재벌 총수가 되었을 때 한 직원이 물었답니다. "회장님은 어떻게 이처럼 큰 성공을 하셨습니까?" 마쓰시타 회장은 자신은 하늘로부터 3가지 큰 은혜를 입고 태어났다고 대답을 했다 합니다.

가난한 것.
허약한 것.

못배운 것.

이 말이 시사하는바 의미는 각자 생각이란 걸 해 봐야 하겠습니다만 아무러나 마쓰시타 회장은 1989년 4월 27일 돌아가셨습니다. 이 지구 어딘가에 누군가 그분의 정체성을 그대로 간직한 채 태어난다는 환생(還生)은 이치와 논리에 맞지 아니하는 어불성설 믿음의 영역에 속하는 것이니 차치하고 윤회(輪迴)의 관점에서 불특정 다수의 사람에게 마쓰시타 고노스케가 살아생전에 지었던 업성향(業性向) 즉 카르마 유전자가 정보이전 됐다고 가정을 하면… 흥미롭지 않습니까?

아울러 우리의 주위를 둘러보면 모차르트나 히틀러, 의사(義士) 안중근이나 매국노 이완용의 업성향(業性向)으로 사는 사람 그리고 한 사람의 인격 안에 다수의 자아가 발현되는 현상도 심심찮게 볼 수 있음에 과연 내가 받은 카르마 유전자는 무엇일까 사뭇 궁금해

지기도 합니다. 물론 그것을 대강이나마 알 수 있는 방법- 있습니다. ^^

* * * * * * * * * * * * *

우리는 어디에서 왔는가?
우리는 과거로부터 왔다.

과거에 행했던 행위로부터, 끝내지 못한 생의 노고로부터, 과거의 악(惡)과 덕(德)으로부터, 우리 자신의 무지·어둠으로부터, 그리고 자신의 욕망으로부터 왔다. 이렇게 우리는 과거의 악과 덕을 가지고 현재를 살면서 미래를 향해 나아가고 있다.

우리는 어디를 향해 가는가?

우리는 우리가 가진 원인에 따른 결과를 향해 나아가고 있다. 삶의 수고를 다하지 않은 이는 생의 수레바퀴(輪廻)를 끝없이 돌 뿐이며 완전한 소멸을 할 때까지 고달픈 삶을 되풀이한다. 그러나 중도(中道)의 길을 따라가 삶의 수고를 다 마친 이는 모든 고통의 완전한 종말인 니르바냐(涅槃)에 도달한다.

삶에 대한 거대한 환상을 벗는 것이야말로 우리 인간이 해야 할 일이다. 세속 한가운데에서 평형을 유지하는 것이 붓다의 길이다. 삶을 숙고하되 세속의 잇속에 말려들지 않는 것이 붓다의 법이다. 세속의 삶에서 보다 높은 영적인 삶으로 나아가라는 것이 붓다의 충고다. 불자에게는 실재하고 변하지 않는 니르바냐에 들어가는 것이 삶의 완결이다.

- 우탄 다잉, 《어디서 와서 어디로 가는가(모곡 사야도의 12연기 강론)》, 도서출판 행복한 숲, 18쪽 -

소위 말하는 열반(涅槃) 니르바냐는 뭐 특별한 것이 따로 있는 게 아니라 탐진치 삼독(三毒)에서 벗어나는 것, 떨궈 내는 것을 의미하는데 제 말이 아니라 사리붓다의 말이랍니다.

* * * * * * * * * * * * *

미움도 벗어 놓고

사랑도 내려놓고

물처럼 바람처럼, 봄이 오는 길목에 따사로이 비추는 햇살처럼 살아가는 삶. 그리고 저는 죽음에 임하여 기꺼이 숨 끊어짐을 예의주시(銳意注視)할 수 있었으면 좋겠다는 소망을 갖고 있습니다.

✲ ✲ ✲ ✲ ✲ ✲ ✲ ✲ ✲ ✲ ✲ ✲ ✲

 윤회(輪迴)를 논함에 있어 기실 오늘날 부처님의 제자를 자처하는 스님들조차 마음에 담지 않는 것이 극히 소수의 스님들이긴 하지만 절에 들어온 시줏돈으로 태연자약 가발도 사고 도박도 합니다. 이유는 자명하지요. 설혹 다음 생에 과보를 받는다 해도 그건 '남'(나 아닌 존재)의 일이라는 것입니다.

 무슨 말인고 하니 작금 환생으로 받아들이는 윤회를 사실이라 치고 다음 생의 '나'는 지금의 '나'와 이름도 얼굴도 부모는 물론 형제, 자매, 친구, 더불어 추억할 수 있는 그 무엇 하나도 같지 아니한 전혀 다른 남이 아닌가 말입니다. 실제로 당신은 아프리카 어디선가 전쟁이 났다 한들 '아, 그거 참 안된 일이군.' 하지 더 이상 뭘 어떻게 할 수가 없지 않은가 말입니다.

이것은 자기 자신을 '잎새로의 나, 파도에 이는 포말'로의 '나'로 한정 짓기 때문입니다. 천동설의 견해지요. 진정한 나는 나무, 바다로의 나임을 모르기 때문에 벌어지는 일입니다.

* * * * * * * * * * * * *

부처님께서는 수행의 끝으로 열반(涅槃) 니르바냐 해탈(解脫)을 말씀하시며 윤회(輪迴)를 멈춘다 하셨습니다. 윤회를 멈춘다. 멈추면 어떻게 되는 것이지? 욕계, 색계, 무색계 삼계(三界) 중 무색계로의 차원 이동인가? 이에 대한 언급은 어디에도 없었으니 의문은 곧바로 화두(話頭)가 되었습니다. 그러다 몰록 알게 되었으니….

윤회(輪迴)를 멈춘다는 것 = 나는 한낱 잎새가 아니라, '나무'였어. 그림자 없는 나무.

윤회(輪迴)를 멈춘다는 것 = 나는 파도에 이는 포말이 아니었어. 포말은 생사(生死)가 있지. 그러나 유한한 파도에 비해 바다는 무한하지 않은가 말이다. 하루에도 수천수만 번 무수한 생사를 나투어 내는 장엄한 바다. 태양조차도 꼴딱 삼켰다가 뱉어 내는 그 바다. ^^ 아이작 뉴턴의 조약돌이 널린 바다….

그리고 생명(生命)이라는 단어.
누구라도 다 던져진 존재로서, 생(生)을 명(命)받았다는 얘기입니다. 그런데 과연 누가 나에게 생(生)을 명(命)하였는가?

진화(進化)의 생명나무를 통해 나라는 존재의 근원을 천착하고 추적해 들어가면 그 끝은 Nature(大自然)

에 도달합니다.

　온 우주에 유일무이한 존재인 '나'- 지구에 있는 질료(質料)를 성분으로 지구와 둘 아니게, 지구라는 별에서 일어나는 천지조화 현상으로의 존재인 나에게 생(生)을 명(命)한 최초 궁극은 바로 Nature(大自然)이라 실로 우리의 모든 것은 다 이 자연에 의지하고 있는 것이 그 어떤 위대한 문명, 위대한 업적, 위대한 사상도 만약 지금 당장 이 지구가 깨져 없어진다면 별무소용이 아니던가 말입니다.

　또한 우리는 죽음을 돌아감이라고 하는데 죽어서 돌아가는 곳 또한 Nature(大自然)입니다. 그리하여 궁구(窮究)컨대 존재의 목적은 던져짐과 동시에 부여된다고 사료되는 바. 너는 민들레, 너는 낙타, 너는 나귀, 너는 거북이, 나는 사람 등등.

길가 돌 틈에 핀 민들레를 보시면 그저 민들레이고자 최선을 다합니다. 오직 민들레를 피워 내려고 주어진 환경에 최선을 다해 대응하는 모습이 대견하다 못해 경건하기까지 합니다. 그런데 나는… 과연 만물의 영장인 인간으로 태어난 나는 스스로의 인간 됨에 그 얼마나 진지한 성찰과 행위를 하였는지 반추합니다.

 즉 사람으로 태어난 누구나 사람 그 자체가 목적이어서 우리는 누구라도 인간의 인간 됨을 위하여 살아야만 합니다. 자, 그러면 이제 참으로 흥미로운 인간의 인간 됨이란 무엇인가 탐구를 해 봐야겠지요….

※ 환생(還生)과 윤회(輪迴)의 개념에 대해 논해 봅시다.

※ 바야흐로 AI시대가 도래합니다.

그런데 AI 로봇이 절대 할 수 없는 것-
소위 말하는 인성(人性) 가치관 그리고 태도랍니다.

8.

중도(中道)
correct way/good way

중도(中道)란 한 마디로 양극단(兩極端)을 여의는 것입니다. '여의다'라는 말을 사전에서 찾아보면 '이별하다, 떠나보내다'로 나오는데 이를 달리 표현하면 '포기하다, 내려놓다, 거부하다' 등등의 말도 됩니다.

중도(中道)란 가볍게 얘기하면 움켜쥐었던 주먹을 펴는 것이에요. 뭔가를 움켜쥐고 펴지 않으면 손이 자유롭지도 않고 제구실을 못 합니다. 예컨대 여기 부자가 되고 싶은 가난뱅이가 있다고 하십시다. 이 사람에게 중도(中道)는 부자가 되겠다는 열망(아등바등)을 내려놓는 겁니다. 어떤 의미에선 포기요, 거부입니다. 대신에 결단코 가난도 거부 내지는 포기하는 겁니다. 이 말인즉 가난을 야기하는 일체의

생각,
말,
행위

를 하지 않는다는 것! 이게 중도(中道)입니다. 한 번 해 보십시오. 나는 가난하지 않겠어, 다짐하고 맹세하고 부르짖는 게 아니라. 이제부터 가난을 야기하는 일체의

생각,
말,
행위

를 안 하는 겁니다. 더러 그게 뭔지 모르겠다는 사람들이 있기는 합니다. 그러면 배우십시오.

* * * * * * * * * * * * * *

토머스 에디슨이 전구를 만들면서 수천 번의 실패

를 했을 때 그는 안 되는 방법 수천 가지를 알게 되었다고 했다지요. 모든 실패는 성공으로 가기 위한 디딤돌로 있다는 것이라고 뇌 새김을 하는 것. 바로 실패를 거부하는 것이 되겠습니다.

깨달음을 얻어 부처가 되겠노라 애써 수행을 하는 사람이 있습니다. 이 사람에게 중도(中道)는 부처와 중생 둘 다 포기하는 겁니다. 시도를 해 보면 아시겠지만 부처를 포기하는 것보다 매사 잇속을 따지고 아상(我相)을 들이대며 서로 견주어 비교하고 네 편 내 편 갈라서 사는 중생을 포기하는 게 더 어려울 것입니다.

* * * * * * * * * * * * * *

참고로 중생의 특징은 이러합니다.

1. 아홉 개 잘해 주고 하나가 못마땅하면 그 하나만 기억합니다.
2. 잇속을 기준으로 호오(好惡)는 물론 시비(是非)가 갈립니다.
3. 남의 말은 귓등으로 듣고 매사 저만 옳아요.
4. 자기와 자기 패거리에겐 관대하고 타인에겐 가혹합니다.
5. 수시로 남과 자기를 비교하고 저울질합니다.

중생을 포기한다는 말은

1. 아홉 개 못해 주고 하나만 잘해 줘도 그 하나를 잊지 않고 감사할 수 있나요?
2. 대의명분 또는 사람으로의 도리를 나 자신과 자신이 속한 패거리의 잇속에 앞세울 수 있나요?
3. ^^

내려놓기 1

한결같이 '말이야 쉽지.' 하거나 또 이론으론 알겠는데 잘 안 된다고 합니다. 거의 대부분 입으로만 되뇌었지 실제로는 자기 자신이 징하게 붙들고 있다는 사실을 인지해야 합니다. 자세히 들여다보십시오. 놓아야지, 놓아야겠다 말하면서 놓기 싫다는 마음을 붙들고 있는 자기 자신을 말입니다.

잊으려 해도 잊히지 않는 그 어둡고 습한 기억들, 소위 말하는 트라우마 과거를 붙들고 징징거리거나 아직 닥치지도 아니한 미래의 염려를 미리 땡겨서 근심 걱정으로 날을 새운다는 것.

방편 중 하나를 일러드리면 올라오는 그 생각들을 걍 놔두고 '나무아미타불' 해 보세요. '나무아미타불', '나무아미타불', '나무아미타불', '나무아미타아불' 올라

오는 그 생각 자리에 '나무아미타불' 염불을 채워 넣는 것입니다.

  '나무아미타불'
  '나무아미타불'
  '나무아미타불'
  '나무아미타불'

쉽지 않을 겝니다. 외치듯 염불을 외워도 염불과 염불 틈새로 파고드는 그 징한 생각, 떨궈 내려고 애를 쓰면 쓸수록 더 달라붙는 아수라(내가 옳다, 네 잘못이야.)의 집요함을 막기는 어렵습니다.

내려놓기 2

어떤 사람이 양손에 식료품이 가득 든 봉투를 들고 가다가 그만 누군가와 부딪혀 넘어지고 말았답니다. 봉투에 든 물건이 모두 길바닥에 쏟아지고… 화가 머리끝까지 난 그는 "눈은 어디 두고 다니는 거야!" 성을 내기 직전 자신과 부딪친 사람이 맹인이란 걸 알게 되었답니다. 안타깝게도 그 역시 어쩔 줄 몰라 하며 미안해하고… 머리끝까지 올라왔던 화는 일순간에 사라지고 어느새 연민과 동정심이 번져 "다친 데는 없으신가요?" 하게 되더랍니다.

– 잭 콘필드, 《놓아버림》, (주)한온, p43 –

이 사례를 들며 잭 콘필드는 이렇게 말합니다.

"갈등과 노여움의 근원이 무지(無知)임을 깨닫는 순간, 지혜와 자비의 문은 저절로 열리게 되어 있습니다."

그렇습니다. 사태의 본질을 정확히 알면 그냥 내려놓아집니다. 앞서 썩은 새끼줄 이야기에서 보듯 뱀이닷! 두려움 생(生)//아니네. 두려움 멸(滅) 이렇듯 두려움은 본시 있는 게 아닙니다.

* * * * * * * * * * * * *

내려놓기 3

희망과 동시에 절망을 내려놓는다는 거. 희망을 포기하는 것이야 그닥 어렵지 않게 이해가 되지만 사람들은 절망을 내려놓으란 말에 난감해합니다.

두 가지 방법이 있습니다.

1. 내맡김 = 기독교인이라면 주님의 뜻대로, 무슬림은 인샬라, 불교도는 부처님께 드립니다.

2. 이도 저도 달갑지 않으면 '지금 여기'에 집중하는 것입니다. 지금 여기! 있는 힘껏!

아이구, 내맡김이 뭐 쉬운 줄 아세요? 부처님전에 시줏돈과 함께 근심 걱정 불안 초조를 다 맡기고 왔는데 여전히 들러붙어 있는 경우가 태반이지요.

* * * * * * * * * * * * * *

　불교가 뭐냐? 백거이의 물음에 조과선사는 이렇게 답합니다.

　제악막작(諸惡莫作)
　중선봉행(衆善奉行)
　자정기의(自淨其意)
　시제불교(是諸佛敎)

　간단히 요즘 말로 하면 '맑고 밝고 따스하게, 우리 모두 더불어 차카게 살자.' 이겁니다.

* * * * * * * * * * * * * *

* * * * * * * * * * * * *

이제 여러분은 마음의 종교인 불교의 템플 스테이에 오셨으니 스님들로부터 마음의 원리와 마음의 법칙 그리고 마음의 자유가 무엇인지, 사람은 왜 사는지, 어떻게 살아야 하는지, 존재의 이유와 의미 그리고 목적에 대해 배우게 될 것입니다.

고맙습니다~

아, 참!
이 세상에서 가장 좋은 절은?

친 절이라 하더군요^^